The Cure of the Heart

(La Cura Del Cuore)

Poetry Book about Life Overcomings,
Translated into Italian

Danielle Mongelli

PAGE PUBLISHING, INC.
Conneaut Lake, PA

First originally published by Page Publishing 2020

ISBN 978-1-6624-2333-8 (pbk)
ISBN 978-1-6624-2334-5 (digital)

Printed in the United States of America

Dedications will remain anonymous.

Contents

Section 1
BABY GIRL

War

Do you war?
No, listen again closely.
Do you war?
We don't need to invade other people's sanctuaries to
feed our own defeats. What is the constitution? A union.
What is a union without the right to love—
Varies, like splattered paint on chiseled furniture. Falling in love
erupts the veins, while the sky leaves room for the trees' exhale.
We exhale our motions on typed fragmented words,
spread across a soft white carving of a tree.
I fell in love that day… And it was the first time
I really understood anything about war. Maybe
because that person forgot to love me back.

Guerra

Fai la guerra?

No, ascolta di nuovo attentamente.

Fai la guerra?

Non abbiamo bisogno di invadere santuari di altre persone per alimentare le nostre stesse sconfitte.

Qual è la costituzione? Un'unione Che cos'è un'unione senza il diritto di amare—

Varia, come la vernice schizzata sui mobili cesellati. L'innamoramento erutta le vene, mentre il cielo lascia spazio all'esalazione degli alberi.

Espiriamo i nostri movimenti su parole frammentate dattiloscritte, sparse su un morbido intaglio bianco di un albero.

Mi sono innamorato quel giorno…Ed è stata la prima volta che ho davvero capito qualcosa sulla guerra. Forse perché quella persona ha dimenticato di amarmi.

Building ideologies rather than havens

Birth

Regret. Lust.
Egomania. Rue.
L o v lessness.
What brings two people together?

What helps them from being driven apart? Repent.
Desire. Sodality.
A diamond halo. Judgment from the clergy. Adorn the accident.

The birth of a baby girl

Costruire ideologie piuttosto che havens

Nascita

Rimpiangere.

Lussuria.

Egocentrismo.

Rue.

L o v lessness.

Cosa unisce due persone?
Cosa li aiuta ad essere separati?
Pentirsi.

Desiderio.

Sodalizio.

Un alone di diamante.

Giudizio del clero Adornano l'incidente.

La nascita di una bambina.

Those Summer Nights

Remembering the summer haze;
The type of haze you get from a drug, we used to run around and
    play.
Missing the innocence comes in waves.
Playing manhunt, kickball, and catching lighting bugs. Remembering
    the summer haze.
The smiles and laughter had started to fade,
Now all we do is look for something else to chug. We used to run
    around and play.
Thinking about all the memories we made. So dehydrated, we could
    drink from a jug.
Remembering the summer haze.
Our parents would call us home at the end of the days. Because it was
    time to pull the plug,
We used to run around and play. The fun had to come to an end.
    I will have to give a shrug, remembering the summer haze. We
    used to run around and play.

Quelle notti d'estate

Ricordando la foschia estiva;
Il tipo di foschia che ottieni da un farmaco, andavamo in giro e
   giocavamo.
Manca l'innocenza arriva a ondate.
Giocare Caccia all'uomo, kickball e cattura di insetti di illuminazione.
Ricordando la foschia estiva.
I sorrisi e le risate avevano iniziato a svanire,
Ora tutto ciò che facciamo è cercare qualcos'altro da fare. Andavamo
   in giro e giocavamo.
Pensando a tutti i ricordi che abbiamo fatto. Così disidratato,
   potremmo bere da una brocca. Ricordando la foschia estiva.
I nostri genitori ci chiamerebbero a casa alla fine dei giorni.
Perché era ora di staccare la spina, Andavamo in giro e giocavamo.
Il divertimento doveva finire. Dovrò dare un'alzata di spalle, ricor-
   dando la foschia estiva. Andavamo in giro e giocavamo.

Staten Island

Home. I am the people standing alone.
I am the echoes Held together by the
Pitter-Patter Pitter-Patter
Of people's footsteps. I live in the City,
The home of the lost. The home of the abandoned.
Expression comes from the street Dancer
The street Cart
The Streetlamp
The street.
The home of the together. The home of the rehabbed.

Staten Island

Casa. Io sono la gente che sta da sola.
Sono gli echi Tenuto insieme dal Pitter
Picchiettio Pitter Picchiettio
Delle orme della gente.
Io vivo in città. La casa dei perduti,
La casa degli abbandonati.
L'espressione viene dalla strada Ballerino La strada Carrello
La strada Lampada La strada.
La casa del gruppo. La casa del rehabbed.

September Stars

you left your mark all over my heart fell in love
alone in the dark fell in love
under September stars.

But there was a shield on your heart.

Stelle di Settembre

hai lasciato il segno

in tutto il mio cuore

si innamorò di te da

solo nel buio

si innamorò di te

sotto le stelle di settembre.

scudo sul tuo cuore

Section 2
THE ONES WHO MADE ME

Biology

What is a biological experience?

Why is a birth of a child so serenely chaotic? What makes two people fall in love?

Chemical reactions. Biology.

We all lead this life of the want. Chasing after things we may not need. Expecting people to cater to our needs,

While we sit back and watch our bodies change. Chemical reactions.

I am all yet nothing of my parents. Two bodies forming the "gift" of life.

Waiting patiently for someone to unwrap me.

My Safe Space

My safe space, destroyed.

I don't remember their faces. They broke everything.
The faces were unimportant.

All I saw was the iron hanging off their belt. Not familiar to the gold
   you held.
But all that glitters is not…

After going through my room, they needed my mother to open a
   lock. My personal letters to my father.
I was eight.

It was my power to say no. I was eight.
The first time in my life, I had truly the power to say no. I was eight.
Two detectives came into my room, my father was on a "business
   trip." I could have power.
I was asked for the key. "NO."

My Safe Space

Quando avevo otto anni...

Il mio spazio sicuro, distrutto.

Non ricordo le loro facce.

Hanno rotto tutto.

I volti non erano importanti.

Tutto ciò che vidi fu il ferro che pendeva dalla loro cintura.

Non ho familiarità con l'oro che hai tenuto.

Ma tutto ciò che luccica non è...

Dopo aver attraversato la mia stanza, avevano bisogno che mia madre aprisse una serratura.

Le mie lettere personali a mio padre.

Avevo otto anni.

Era il mio potere dire di no.

Avevo otto anni.

La prima volta nella mia vita, avevo davvero il potere di dire di no. Avevo otto anni.
Due detective sono entrati nella mia stanza, mio padre era in un "viaggio d'affari."
Potrei avere potere.
Mi è stato chiesto la chiave.

Nice to Meet You, Daddy

A mere second can change your way of life forever.

Every person is defined by the way they carry themselves, the company they bring, the obstacles they overcome.

For me, this day was November 10, 2003. As my car pulled up to the court,

I pictured the impossible.

Braced myself for what could happen,

Prepared myself for what I was about to witness. My maturity level grew within that hour car ride.

Maybe it was the way I had to learn what it meant to be "left." Or the way I had to deal with what the grown-ups dealt with. I had to be here to support my dad,

but more importantly, learn the importance of the life I was being brought up into.

My father's life.

With the sharp words of the prosecutor and the rats, it hurt me to think

that these people judged what

my father did in such a negative way

I listened to the words that came out of my father's mouth, thought about

his childhood and life overcomings.

I realized in that moment just why my father was doing what he was doing, and I was never so proud of

someone in my life.

What came to me in that sentencing was the reality

of the significance life can bring.

It does not matter what crime my father may or may not have committed but how he defines himself as a person.

That's relevant to me.

Key fragments of not only his life but who he was

for the first time

were taught to me that day. Stand up for what you believe in,
make moves only when your heart's in it,
take responsibility of the consequences of your actions, never open
    your mouth when it comes to someone else's life.
I respected my dad's love.
His dedication.
For his family and the people he loved.

As the judge made his final decision, sentencing my dad to twen-
    ty-four years in a federal institution,
my heart dropped.
Tears
flew down my face uncontrollably.
Most of my family members' tears did too.
I knew the financial sacrifices my family and I would have to make
    when I knew my dad was going to be away
from me.
Away from my mother.
My mother's eyes stayed dry. I then knew fortitude.
I knew it.
I knew it was all worth it
because my dad made the right decisions.
Proud describes
my emotions toward my father. As he
walked out of the room in handcuffs, he turned around, and I heard
    him say one thing.
"Danielle, I love you."
From
that moment on,
my whole outlook on life was different.
It really is true when people say,
"A mere second can change your way of life forever." November 10,
    2003 did that for me.
November 10, 2003 defined the girl.
November 10, 2003 defined ME.

Piacere di conoscerti, Papà

Un semplice secondo può cambiare il tuo modo di vivere per sempre.
  Ogni persona è definita dal modo in cui si portano,
la compagnia che portano, gli ostacoli che superano. Per me, questo
  giorno era il 10 novembre 2003.
Mentre la mia macchina si fermava in campo, Ho immaginato
  l'impossibile.
Preparato per quello che potrebbe accadere,
Mi sono preparato per quello che stavo per testimoniare.
Il mio livello di maturità è cresciuto entro quell'ora car ride.
Forse era il modo in cui dovevo imparare cosa significava essere "las-
  ciato." O il modo in cui dovevo affrontare quello che gli adulti
  avevano a che fare. Dovevo essere qui per sostenere mio padre,
ma ancora più importante impara l'importanza della vita in cui mi
  stavo allevando.

La vita di mio padre.
Con le acute parole del procuratore e dei topi mi fa male pensare
che queste persone hanno giudicato cosa mio padre ha fatto in modo
  negativo
Ho ascoltato le parole che sono venute fuori la bocca di mio padre
  però
la sua infanzia e le sue vittorie.
In quel momento ho capito perché mio padre stava facendo quello
  che stava facendo, e non ne sono mai stato così orgoglioso
qualcuno nella mia vita.
Cosa mi è venuto in quella sentenza era la realtà
del significato che la vita può portare.
Non importa quale crimine mio padre possa o non possa aver com-
  messo, ma come si definisce come persona
questo è rilevante per me.
Frammenti chiave non solo della sua vita ma chi era
per la prima volta,
mi hanno insegnato quel giorno. Alzati per ciò in cui credi,

fai mosse solo quando i tuoi cuori sono dentro,
assumersi la responsabilità delle conseguenze delle tue azioni, mai
    aprire la bocca quando si tratta di qualcuno vita altrui.
Ho rispettato quello di mio padre amore.
La sua dedizione
Per la sua famiglia e le persone che amava.

Come il giudice ha emesso la sua decisione finale di condanna mio
    papà a 24 anni in un'istituzione federale,
il mio cuore è caduto.
Lacrime
volò giù in modo incontrollabile sul mio viso.
anche la maggior parte delle lacrime del mio membro della famiglia.
    Conoscevo i sacrifici finanziari che la mia famiglia e io dovevamo
    fare Sapevo che mio padre sarebbe stato via
da me.
Lontano da mia madre.
Gli occhi di mia madre rimasero asciutti. Allora sapevo, fortezza.
lo sapevo
Sapevo che ne valeva la pena
perché mio padre ha preso le decisioni giuste.
Orgoglioso descrive
le mie emozioni nei confronti di mio padre. Come lui Uscì dalla
    stanza in manette, si voltò e lo sentii
dire una cosa. "Danielle, ti amo."
A partire dal quel momento,

la mia intera prospettiva la vita era diversa

È proprio vero quando la gente dice

"Un semplice secondo può cambiare il tuo modo di vivere per sem-
    pre." Il 10 novembre 2003 lo ha fatto per me.

Il 10 novembre 2003 ha definito la ragazza. 10 novembre 2003
    definito ME.

Mom

To the one who saves my life every day,
Thank you for trying so hard to wipe all the worry away. I know I
    take a lot out on you,
but that's because you are the one who I can open up to. Work so
    hard to take care of me.
It's simple to you to only please.
Words do not supplement for all you do. But I will try my best on
    paper to tell you how much I love and cherish you.

Mamma

A colui che salva la mia vita ogni giorno,

Grazie per aver provato così tanto a cancellare tutta la preoccupazione. So che ti prendo molto,

ma è perché tu sei quello che posso aprire. Lavorare così duramente per prendermi cura di me. È semplice per te solo per favore.

Le parole non completano tutto ciò che fai.

Ma farò del mio meglio su carta per dirti quanto ti amo e ti amo.

In the Voice of My Parents

MY FATHER'S VOICE:

I love you, Danielle… That is never enough. Straighten up.

Lift your arm up high when you swing, elbow in the air. Run…never look like you care.

Hit this out of the park! Never be afraid of the dark.

Don't strike out, or there will be consequences. Hey! Mongellis don't strike out.

Don't get something out of other people's expenses. Never forget what being Italian is all about.

Invite your friends. I'll buy them all dinner. Danielle, put that down. You need to be thinner. Stop starving yourself. You'll end up dead.

Look at Daddy. He hits this diet thing on the head.

I was run over by a tractor trailer…legs spread out in all different directions. Told me I was to never walk again, got up after a couple injections.

JoAnn, wake up… The FBI is here. JoAnn…wake up! Whatever you do, don't wake my daughter up.

I got twenty-four years and never shed one tear. There is no such thing as anxiety.

So what if you lost a few friends? That is not where your life ends. There is no such thing as anxiety.

MY MOTHER'S VOICE:

Snow! Quick, cover my dress.

The photographer is no longer on his way. Why, on my wedding day, do I have distress? Blizzard of '93…my wedding day.

The birth of my daughter, the white picket fence, Cadillac in the driveway. All quickly washed away, with one knock on the door.

I heard my husband's voice.

I knew what was about to happen because of his choice. I love him anyway…

Twenty-four years and who is really sentenced? I love him anyway…

Picking up tables, serving coffee is endless. Trying to raise my daughter, I can barely hold my head above water. I love him anyway…

I worked and worked and worked. But what is it all worth?

One day, he will come home

So I can fill this void of being alone.

Nella Voce Dei Miei Genitori

VOCE DI MIO PADRE:

Ti amo, Danielle...Non è mai abbastanza Raddrizzare. Alza il braccio in alto quando dondoli, gomiti in aria. Corri...non somiglia mai a te. Colpisci questo fuori dal parco! Non aver mai paura del buio. Non fare strikeout, o ci saranno conseguenze. Hey! I Mongelli non colpiscono. Non ottenere qualcosa dalle spese degli altri. Non dimenticare mai che cos'è l'italiano. Invita i tuoi amici li comprerò tutti per cena. Danielle, mettilo giù devi essere più magro. Smettila di morire di fame, finirai per morire. Guarda Papà, colpisce questa cosa di dieta in testa. Sono stato investito da un rimorchio del trattore... gambe divaricate in tutte le direzioni. Mi ha detto che non avrei mai più camminato, mi sono alzato dopo un paio di iniezioni. JoAnn, svegliati...L'FBI è qui. JoAnn...svegliati! Qualunque cosa tu faccia, non svegliare mia figlia. Ho 24 anni e non ho mai versato una lacrima. Non esiste l'ansia. Quindi cosa hai perso qualche amico? Non è qui che finisce la tua vita. Non esiste l'ansia.

LA VOCE DI MIA MADRE:
La neve! Veloce, copri il mio vestito. Il fotografo non è più sulla sua strada, Perché nel giorno del mio matrimonio ho problemi? Blizzard of '93...il giorno del mio matrimonio. La nascita di mia figlia, la staccionata bianca, Cadillac nel vialetto. Tutto rapidamente spazzato via, Con un colpo alla porta. Ho sentito la voce di mio marito, Sapevo cosa stava per accadere a causa della sua scelta. Lo amo comunque...24 anni e chi è veramente condannato? Lo amo comunque... Raccogliere tavoli, servire il caffè, è infinito. Sto cercando di crescere mia figlia, Riesco a malapena a tenere la testa fuori dall'acqua, lo amo comunque...Ho lavorato, lavorato e lavorato. Ma cosa vale tutto? Un giorno tornerà a casa, Quindi posso riempire questo vuoto di essere solo.

Section 3
RESULTS

Paradox

She is all too resilient. Beautiful and brilliant. With a touch of
    delicacy,
And a touch of knowing she's unsightly. A disastrous figure.
A captivating image.
A mosaic of battle wounds. She is a laundry of demons,
strung across a long line of good intentions. The chaos in her own life
    speaks volumes along the organized smiles of her surroundings.
    She is nothing whole,
but everything broken.
This was something designed by a spoken insecurity, by a broken
    heart.

Paradosso

Lei è fin troppo resiliente.

Bello e brillante.

Con un tocco di delicatezza, E un tocco di sapere che è brutta. Una figura disastrosa.

Un'immagine accattivante.

Un mosaico di ferite da battaglia.

Lei è una lavanderia di demoni, legato a una lunga fila di buone intenzioni.

Il caos nella sua vita racconta volumi lungo i sorrisi organizzati dei suoi dintorni. Lei non è niente di ma tutto è rotto.

Questo era qualcosa progettato da un'insicurezza parlata, da un cuore spezzato.

Insecure

Mirror, mirror on the wall,
Who is the most subconscious one of all? Walking past, avert my
  eyes away.
Walking fast, never wanting to engage.
Opening up to you does not come easy, vulnerability.

One touch, one kiss, body numbed.
The way you take my breath away, tranquility. Ease the tension with
  a few sips, rum.
Keep fighting back an undeniable loss. Without you, I would feel
  lost.
Broken wings aside. Smashed into the riptide. Adapt to my
  surroundings.
Closed eyes up ahead, block the challenges, mistakes, and broken
  dreams.
Follow me like the unbroken flow of a stream. Loving you comes in
  strides.
All knows the heart misguides. Mirror, mirror on the wall.
Insecurities. I have them, so do we all.

Insecure

Specchio a specchio sul muro, Chi è più subconscio di tutti? Passando
oltre, distolga gli occhi.

Camminare velocemente, senza mai impegnarsi. Aprirti non ti è fac-
ile, vulnerabilità.

Un tocco, un corpo baciato intorpidito.

Il modo in cui togli il respiro, la tranquillità. Allontana la tensione
pochi sorsi, rum.

Continua a combattere una perdita innegabile. Senza di te, mi sen-
tirei perso.

Ali spezzate da parte Rotto nella spaccatura Adatta a ciò che mi cir-
conda, Gli occhi chiusi in alto, bloccano le sfide Errori e.

New Habits Die Hard

Never let them see you cry. Wipe those tears, little one.
Smile proudly with every tear you dry. Let's go back to where it all
　　began.
To the time where life was easy, overtime losing love.
Nostalgia making me a little queasy. Looking for a hand from up
　　above. Needless to say, I need a hug.
Everyone has a dream.
Everything pulled from under me but the rug. Emotions as low as
　　my self-esteem.

Le nuove abitudini sono dure a morire

Non permettere mai che ti vedano piangere.
Pulisci quelle lacrime poco.
Sorridi con orgoglio ad ogni lacrima che ti asciughi.
Torniamo al punto in cui tutto è iniziato.
Al tempo in cui la vita era facile,
Nel tempo perdendo l'amore,
La nostalgia mi fa un po 'nausea.
Alla ricerca di una mano da sopra.
Inutile dire che ho bisogno di un abbraccio,
Tutti hanno un sogno,
Tutto tirato da sotto di me, ma il tappeto.
Emozioni basse quanto la mia autostima.

The First Time

V i r g i n I t y Taken.
Stopped breathing.

Unknown hands over her body. Picked at like an animal in a cage.
    Caged heart still till this day.
Unsure of what was pleading, Her eyes
Her lips

Her scattered heartbeats. The scare that he left her underneath her
    bare skin
Decontaminating her soul while scouring the bloodstains off her
    sheets.

La prima volta

Virgin
Io Prese.
Respiro affannoso.

Mani sconosciute sul suo corpo. Scelto come un animale in una gab-
bia. Cuore in gabbia ancora fino ad oggi.
Incerto di ciò che stava implorando, I suoi occhi
Le sue labbra

Il suo cuore spezzato batte. Lo spavento che l'ha lasciata sotto la sua
pelle nuda
Decontaminare la sua anima mentre perlustrando le macchie di
sangue dalle sue lenzuola.

Es El Ex

Spiraling out of control,
Complete chaos on my body as a whole. You could lead me straight
   down to hell. One look at you, and I am in a spell.

A dagger in the heart, when we are worlds apart, gun at my waist,
Protecting myself from all of your haste.

Touching you feels like cold-blooded murder. Come here, pull me
   closer.
Addicted to the thrill, bang bang. Chest hair, dangle your silver chain.

One, two, three, thrust.
Hand over my mouth so I can't cuss. Less like love, more like lust.
Just be easy when you bust.

Es El Ex

Spirale fuori controllo,
Completa il caos sul mio corpo nel suo insieme.
Potresti condurmi dritto all'inferno.
Uno sguardo a te e io sono in un incantesimo.

Un pugnale nel cuore, quando siamo mondi a parte, pistola alla mia
    vita,
Proteggermi da tutta la tua fretta.

Toccarti ti sembra un omicidio a sangue freddo,
Vieni qui, avvicinami.
Addicted to the thrill, bang bang.
Capelli castani, penzolare la tua catena d'argento.

Uno, due, tre, spinta.
Passami la bocca così non posso imprecare.
Meno come l'amore, più come la lussuria.
Sii semplice quando rompi.

An Ode to Pitzigile

An ode to Pitzigile,
you cannot speak to me; but you feel. Decipher emotions through a
    bark or squeal. Because of you, I feel whole,
A sense of meaningfulness, just filling up your water bowl. Little girl,
    as your name intends,
With one simple "pitz," my heart distends. Greeted by a clinging of
    metal,
the rubbing of my feet on raw tile doesn't feel so unsettled.
A sanctuary in your fur, preservation held in your paw.
A shelter with quite different meaning, you take care of me, a soul
    who needed cleaning.

Un'ode a Pitzigile

Un'ode a pitzigile, non puoi parlare con me; ma tu senti. Decifra le emozioni attraverso una corteccia o uno stridio. Grazie a te mi sento intero, Un senso di significato, semplicemente riempiendo la tua ciotola d'acqua. Bambina, come il tuo nome intende, Con un semplice "pitz," il mio cuore si distende. Accolto da un aggrapparsi di metallo, lo sfregamento dei miei piedi sulla piastrella cruda non si sente così sconvolto. Un santuario nella tua pelliccia, conservazione conservata nella tua zampa. Un rifugio con un significato completamente diverso, ti prendi cura di me, un'anima che aveva bisogno pulizia.

Section 4
LOVE

Devil's Kiss

Hating you comes quite easy. Losing you had made me queasy.
  Broken dreams and promises lead to extreme solemnness.
Without you, I cry at night. With you, we always fight.
First saw you in a momentary bliss,
Could not bear to leave without a true love's kiss. Now and then, I
  reach out for you.
The nights I don't are a breakthrough. All I can say is that I wish you
  farewell. But I will see you, way down in hell.

Il bacio del diavolo

Odiarvi è abbastanza facile. Perdere mi hai fatto venire la nausea. Sogni e promesse infrante conducono ad un'estrema solennità. Senza di te, piango di notte. Con te, combattiamo sempre. Per prima cosa ti ho visto in una momentanea beatitudine, Non potrei sopportare di andarsene senza un vero bacio d'amore. Ogni tanto tendo la mano per te. Le notti che non faccio sono una rottura. Tutto quello che posso dire è che ti auguro un addio. Ma ti vedrò, all'inferno.

Absence, 2 a.m.

**When you love someone, truly love someone, there's no going
back. There is nothing or no one who can ever change that.**
At 2 a.m., why do I find myself thinking of you differently?
A friend should be a friend, but when lines cross, how could it end
pleasantly? "Everything is temporary" is what I was told,
and our temporary is nearly enough to unfold.
I would have given you my all, handed my heart to you on a silver
platter. My only hope could ever be is that you think that I can
matter.
I am absorbent toward your affection, like some kind of appendage.
Leaving an impermanent stain like fog on a pair of lenses.
I wake with frostbite everything morning, numb to the effect. The
fog spreads through the window of my final breath.
The absence of you leaves me in sorrow, preparing the way to the
catacomb.
You chose not to give me one more night, so instead, the lights will
guide me home.

Assenza, 2 del mattino

Quando ami qualcuno, ami davvero qualcuno, non puoi tornare
  indietro. Non c'è niente o nessuno che possa mai cambiarlo.
Alle 2 del mattino, perché mi ritrovo a pensare a te in modo diverso?
Un amico dovrebbe essere un amico, ma quando le linee si incro-
  ciano come potrebbe finire piacevolmente?
Tutto è temporaneo è quello che mi è stato detto,
e il nostro temporaneo è quasi abbastanza da dispiegare.
Ti avrei dato tutto me stesso, ti avrei consegnato il mio cuore su un
  piatto d'argento. La mia unica speranza potrebbe essere che pensi
  che io possa avere importanza.
Sono assorbente nei confronti del tuo affetto, come una specie di
  appendice. Lasciando una macchia impermanente come nebbia
  su un paio di lenti.
Mi sveglio con il morso del gelo tutto il mattino; insensibile all'ef-
  fetto. La nebbia si diffonde attraverso la finestra del mio ultimo
  respiro.
L'assenza di te mi lascia nel dolore preparando la via per la catacomba.
Hai scelto di non darmi un'altra notte, quindi le luci mi guideranno
  a casa.

Do I?

When the world turned,
She laid her head down and prayed for a day where we would all be
    saved,
But the truth does not always surpass the lies. Soon there could be a
    day we would all rise
And not lay back down with the chaos and destruction but instead,
    fly above all the obstruction.
It is the fear in us that bleeds monstrously, of the day we leave our
    souls bodily.
The devils and demons of darkness are scattering. The serene calm-
    ness of the light is staggering.
She laid her head down and prayed for that day we would all be
    saved.

Io?

quando il mondo è diventato

Posò la testa in giù e pregò

per un giorno in cui saremmo tutti salvati ma la verità non supera
    sempre le bugie
presto potrebbe esserci un giorno in cui saremmo tutti risorti E non
    rilassarti con il caos e la distruzione
ma invece, vola sopra tutti gli ostacoli

È la paura in noi che sanguina mostruosamente, Del giorno lasciamo
    le nostre anime, fisicamente.
I demoni e i demoni dell'oscurità si stanno disperdendo La serena
    calma della luce è sbalorditiva.
Posò la testa in giù e pregò,

per quel giorno saremmo tutti stati salvati.

Loneliness Is the Devil

Loneliness is time spent with the world. People tell me I fear being
  alone.
I fear those people.
They are the ragged anima. Thinking they are vitalities.
It is within myself that I find frailty. Am I a measure of a moment?
Or
Will I let these moments measure me? Or
Is my body removed? Or
Am I walking down streets averting my eyes from the brazen
  company?
It is in those moments in which I feel most lonely.

La solitudine e il diavolo

La solitudine è il tempo trascorso con il mondo: Le persone mi dicono che temo di essere solo. Temo quelle persone. Sono l'anima sfilacciata. Pensando che siano vitalità. È dentro di me che trovo la fragilità. Sono una misura di un momento? O Lascerò che questi momenti mi misurino? Corpo rimosso. Camminando per le strade distogliendo gli occhi dalla sfacciata compagnia, è in quei momenti in cui mi sento di più Solitario.

You—the Dream

Laying in a cabin in the mountains with you, late December. Head in
   chest, hand in mine, all types of emotions for the better.
Staring out the window, watching the snow fall, white, serene,
   gloomy yet unruffled.
The fogginess from our voices spread quickly throughout the glass.
   Mild and untroubled. I make a joke, you giggle and have a come-
   back, sounds so muffled.
with that one glance, you leaned in. i only hoped what it would mean.
without a second's thought, my brain and heart skipped overwhelm-
   ingly, simultaneous. we kissed, and i felt your lips.

I woke up in cold sweat, thinking of what could've been. the feeling
   of the moment in the mountains lingered on indefinitely.
the venom on your tongue, velvet on your lips,
made me realize even more what i would never truly get.
being with you as much as i am makes me so intrigued to learn even
   more. Although every time we get closer, you seem to close the door.
you tell me it's hard for you, but you don't realize what i hide. And
   how much it kills me with or without you by my side. i'll sacrifice
   all the craving for all those nights alone.
being in love is not easy. with you, it's forlorn.

everything is you. there's nothing i would not do.
i'd build you a world, but in me, you refuse to have furled.
when you love someone, truly love someone, there's no going back.
   there's nothing and no one who could change that.
maybe...you're the reason. Maybe no one is supposed to fall in love
   with me because i'm so in love with you. And i can't give someone
   else what i would give to you.
it meant more to me then a dream because every day spent with you
   is one.
now tonight when i lay down and go to sleep, i'll dream of you where
   it all began.

Tu-il sogno

Mettendoti in una baita in montagna con te, a fine dicembre.

Testa in petto, mano nella mia, tutti i tipi di emozioni per il meglio.

Guardare fuori dalla finestra a guardare la neve cadere, bianco sereno,
   cupo ma imperturbabile.

La foschia delle nostre voci si diffuse rapidamente attraverso il vetro.
   Lieve e non disturbato.

Faccio uno scherzo, ridacchi e ritorni, suoni così attutiti. con quella
   sola occhiata ti sei appoggiato,

speravo solo cosa significherebbe.

senza secondi pensavo che il mio cervello e il mio cuore fossero saltati
   in modo schiacciante, simultaneo.

ci siamo baciati e ho sentito le tue labbra.

Mi sono svegliato a sudare freddo, pensando a cosa avrebbe potuto
   essere. la sensazione del momento in montagna indugiava
   indefinitamente.

il veleno sulla tua lingua, il velluto sulle tue labbra.

mi ha fatto capire ancora di più, quello che non avrei mai veramente
   ottenuto. stare con te quanto me, mi rende così incuriosito da
   imparare ancora di più.

Sebbene ogni volta che ci avviciniamo, sembra che chiuda la porta.
   dimmi che è difficile per te, ma non ti rendi conto di cosa
   nascondo. E quanto mi uccide con o senza te al mio fianco.

sacrificherò tutto il desiderio, per tutte quelle notti da solo. essere
   innamorati non è facile, con te è desolato.

tutto è te. non c'è niente che non farei.

ti costruirò un mondo, ma in me, ti rifiuti di averlo avvolto.

quando ami qualcuno, ami davvero qualcuno. non c'è ritorno. non
   c'è niente e nessuno che potrebbe cambiarlo.

forse…tu sei la ragione. Forse nessuno dovrebbe innamorarsi di me,
   perché sono così innamorato di te. E non posso dare a qualcun
   altro, cosa ti darei.

significava per me più di un sogno, perché ogni giorno trascorso con te è uno.

ora stasera quando mi corico e vado a dormire, sogno malato di te dove tutto è cominciato.

Section 5
VICTORY IN THE MAKING

Super Girl

It is your calling.
Something given to you without warning. Deep in your heart, there's
    a switch,
Or simply maybe you were bewitched. Either or the people will
    always make way for you and only you to save the day.
A true hero will never cast a spell, even to the deadliest in hell.
Band of brothers will forever ignite. But what will be your kryptonite?
Never will understand the irony in it all. Heroes are the ones who'll
    forever save,
But who will be the one to make sure their road is paved?

Super Girl

È la tua vocazione. Qualcosa che ti sta dando senza preavviso. Nel profondo del tuo cuore c'è un interruttore, O semplicemente, forse sei stato stregato. O o le persone faranno sempre strada, Per te e solo tu per salvare la giornata. Un vero eroe non lancia mai un incantesimo, Anche ai più letali dell'inferno. La banda dei fratelli si infiammerà per sempre. Ma quale sarà la tua kryptonite? Non capirò mai l'ironia in tutto questo, Gli eroi sono quelli che salveranno per sempre, Ma chi sarà quello per assicurarsi che la loro strada sia asfaltata?

In the voice of the rat who put my father away

Tendor Villian

Scratching away the final paint chips in an enclosed space in Brooklyn.
No windows. No doors. Multitudes of bars. Contemplations of life
destroyed. Mine or his. They call me number 72.
72 lives. 72 moments. 72 wires on bodies. 72 people on this case.
I have to think about my daughter. If I'm locked away, what will
happen to her? Heat lamps pesture the sweat inside me to erupt.
Without a sound, I put my finger to an image of a man whose life is
ending. One gun, two triggers.
There's never any protection to those you've said you've witnessed.
Bahamas, Miami, Colorado, California, where will I run to?
Whose name will I portray?
They uncuff me and set me free, yet restrained by the respect. The
stool pigeon flown away.
As I unshackle my lips, I learn he had a daughter too.

Tenditore Villian

Grattando via i chip di vernice finali in uno spazio chiuso a Brooklyn.
Senza finestre Niente porte Moltitudini di barre. Le contemplazioni
    della vita distrutte. Il mio o il suo. Mi chiamano numero 72.
72 vite. 72 momenti. 72 fili sui corpi. 72 persone su questo caso.
    Devo pensare a mia figlia. Se sono chiuso a chiave, cosa le accadrà?
    Le lampade di calore pesture il sudore dentro di me per eruttare.
Senza un suono, metto il dito sull'immagine di un uomo che sta
    finendo la vita. Una pistola, due grilletti.
Non c'è mai protezione per coloro che hai detto di aver assistito.
    Bahamas, Miami, Colorado, California, dove andrò a correre?
Chi sarà il nome che ritragherò?
Mi scuotono e mi liberano, ma sono trattenuti dal rispetto. Il picci-
    one delle feci, volato via.
Mentre slaccio le labbra, scopro che anche lui aveva una figlia.

To My Future Child

as i gather the pieces of my mangled heart, break a sweat every now and then, be bold.

But i will always be here to ride the waves alongside and shelter you. But you will go through it with strength, power, humbleness, and grace. Do not hide your pain. Don't worry about your pride, swallow.

From all the pain, i know i cannot save you.

I can't wait for the day that I get to meet you.

i slowly remove the bangles slipping off my wrist, dangled down the crevices of my mid arm. It does not matter about the life we had.

Life is driven by who and what someone explores. Remember how much you are loved by Mom and Dad. Show your kindness to the world tenfold.

the bold, cold, repercussions of the world will always be subdued compared to you, the madness and the chaos of my own life washed away once i'd hold you.

the world can be a scary place.

this is your life, and you have to make it yours

to shelter you from any type of pain from the start. We all need a little heartbreak to feed the soul.

you changed my world the second I did not know what i got myself into.

Al mio futuro bambino

mentre raccolgo i pezzi del mio cuore straziato,

Tolgo lentamente i braccialetti che mi sfuggono dal polso, penzolando lungo le fessure del mio braccio medio,

per ripararti da ogni tipo di dolore fin dall'inizio.

le fredde, ripercussioni del mondo saranno sempre sottomesse rispetto a te, hai cambiato il mio mondo il secondo in cui non sapevo in cosa fossi coinvolto. il mondo può essere un posto spaventoso,
ma lo attraverserai con forza, potenza, umiltà e grazia.
Mostra la tua gentilezza al mondo, dieci volte. Rompere un sudore di tanto in tanto, essere audaci.
Abbiamo tutti bisogno di un po 'di crepacuore per nutrire l'anima.

Non nascondere il tuo dolore, non preoccuparti del tuo orgoglio, deglutisci. Ricorda quanto sei amato da mamma e papà,
non importa della vita che abbiamo avuto. questa è la tua vita, e devi renderla tua
La vita è guidata da chi e da ciò che qualcuno esplora Da tutto il dolore, so che non posso salvarti.
Ma sarò sempre qui per cavalcare le onde a fianco e ripararti.
la follia e il caos della mia vita, lavati via una volta che ti avrei tenuto.
Non posso aspettare il giorno in cui ti incontrerò

Warrior

The dreams we once had, the ambitions,
the wants, the hopes,
all disappear after a while.
Some tragedy or significant moment occurs, alters
the idea of any possible definitive goal one had in mind. Love always
ends, so why start it? The passion two people can share,
the powerful bond two people can have can wither away with just
one blink. I know not to invest in people,
can all come crashing down in the end. Either we confuse ourselves
into thinking someone is something other than what they are or
something gets in the way. Timing,
chemistry, misinterpretation,
choices in life or lust that disrupt a relationship catastrophically,
leaving one or both people in a downward spiral of emotions.
Everything and everyone has a purpose, some reason or another why
they're here. Just because something doesn't work out doesn't
mean it's the end.
Pick yourself up, look around you, brush it off, move on.
There's always another person, another job,
another chapter in your story.

The pain lingers always, indefinitely, but the endurance to move on
rises. Remember, everyone is a warrior.

Guerriero

I sogni che abbiamo avuto una volta, le ambizioni,
i desideri, le speranze
tutti scompaiono dopo un po'.
Qualche tragedia o momento significativo accade altera
l'idea di qualsiasi possibile,
obiettivo definitivo che avevamo in mente. L'amore finisce sempre,
   quindi perché avviarlo? La passione che due persone possono
   condividere,
il potente legame che due persone possono avere con un battito di
   ciglia. So di non investire nelle persone,
possono venire tutti a rotolare giù alla fine. O ci confondiamo nel
   pensare qualcuno è qualcosa di diverso da quello che sono, o
   qualcosa si intromette. temporizzazione,
chimica, disinterpretazione,
scelte nella vita o nella lussuria che distruggono una relazione in
   modo catastrofico, lasciando una o entrambe le persone in una
   spirale di emozioni verso il basso.
Tutto e tutti hanno uno scopo, un motivo o un altro, perché sono
   qui. Solo perché qualcosa non funziona, non significa che sia la
   fine.
Prenditi, guardati intorno, spazzolare via Vai avanti.
C'è sempre un'altra persona, un altro lavoro,
un altro capitolo della tua storia.

Il dolore persiste sempre, indefinitamente, ma la resistenza per andare
   avanti aumenta. Ricorda, ognuno è un guerriero.

July 11, 2019

Precisely 723 days until you come home. I thought this day would be
a prophecy. Blocks of palpable concrete…
underneath my feet as I got the phone call.

This is a call from a federal prison. To accept this call, press…

"Hey, Dad"

"Danielle…there's something I need to tell you…" As you told me,
I flashbacked what you were.

The man who cushioned me, the man who took me for ice cream,
    my favorite man.
Charisma.

Oh, how you had charisma.

This vision of a man i've always longed to have back. I've been look-
    ing for you in everyone I meet.
When I was eight...

My safe space, destroyed.

I don't remember their faces. They broke everything.
The faces were unimportant.

All I saw was the iron hanging off their belt. Not familiar to the gold
    you held.
But all that glitters is not...

After going through my room, they needed my mother to open a
    lock. My personal letters to my father.
I was eight.

It was my power to say no. I was eight.
The first time in my life, I had truly the power to say no. I was eight.
Two detectives came into my room, my father was on a "business
    trip."

I could have power.

I was asked for the key. "NO."
When I was eight, two detectives destroyed all my stuff in my safe
    space.

When I was nine, I heard everything. Who you were, the vigilante,
    like a vampire in the light.

Watching the judge sentence my father to twenty-four years in a fed-
    eral institution, my heart dropped.

Quickly trying to avert the tears rolling down my face like racing
    raindrops on a car window.

My mother's eyes stayed dry. Fortitude.
I was nine.

Precisely 722 days before you come home, you were diagnosed with
    another sentence. Charismatic. Charmer. Cancer patient.
Now I have to watch my father fight the thing that killed my father's
    father and my father's father's father...

Further it'll drive my dream away of one day you're coming home.
    Something that had kept nurtured.
Swaddled. Shattered.
The stand-up guy sat down.

Tears running down my face uncontrollably,

this time...my mother's eyes were no longer parched.

11 luglio 2019

Precisamente 723 giorni fino a quando non torni a casa. Pensavo che
   questo giorno sarebbe una profezia.
Blocchi di cemento palpabile…

sotto i miei piedi quando ho ricevuto la telefonata.

Questa è una chiamata da una prigione federale, per accettare questa
   chiamata premere…

"Hey, Papà"

Danielle… c'è qualcosa che devo dirti… Come mi hai detto,
Ho rispecchiato quello che eri.

L'uomo che mi ha attirato, l'uomo che mi ha portato per il gelato il
mio uomo preferito
Carisma.

Oh come hai avuto carisma.

Questa visione di un uomo che ho sempre desiderato avere indietro.
Ti ho cercato in tutti quelli che incontro.
Quando avevo otto anni...

Il mio spazio sicuro, distrutto. Non ricordo le loro facce.
Hanno rotto tutto.

I volti non erano importanti.

Tutto ciò che vidi fu il ferro che pendeva dalla loro cintura. Non ho
familiarità con l'oro che hai tenuto.
Ma tutto ciò che luccica non è...

Dopo aver attraversato la mia stanza, avevano bisogno che mia madre
aprisse una serratura.

Le mie lettere personali a mio padre. Avevo otto anni.

Era il mio potere dire di no. Avevo otto anni.
La prima volta nella mia vita, avevo davvero il potere di dire di no.
Avevo otto anni.
Due detective sono entrati nella mia stanza, mio padre era in un
"viaggio d'affari."

Potrei avere potere.

Mi è stato chiesto la chiave. "NO."
Quando avevo otto anni, due detective hanno distrutto tutte le mie
   cose nel mio spazio sicuro.

Quando avevo 9 anni, ho sentito tutto. Chi eri, il vigilante. come un
   vampiro nella luce.

Guardando la sentenza del giudice mio padre a 24 anni in un'istituz-
   ione federale, il mio cuore è caduto.

cercando rapidamente di evitare le lacrime che scendevano sul
   mio viso come gocce di pioggia da corsa sul finestrino di una
   macchina.

gli occhi di mia madre rimasero asciutti.
Tempra.

Io ero Nove.

Precisamente, 722 giorni prima di tornare a casa. Ti è stata diagnos-
   ticata un'altra frase.
Carismatico. Ammaliatore. Malato di cancro

Ora devo guardare mio padre combattere la cosa che ha ucciso il
   padre di mio padre e il padre del padre di mio padre...

inoltre guiderà il mio sogno di un giorno che stai tornando a casa.
   Qualcosa che era stata nutrita.
Fasciato. Shattered.
Il ragazzo in piedi; seduto.
Lacrime che mi corrono il viso in modo incontrollabile, questa
   volta...Gli occhi di mia madre non erano più riarsa.

About the Author

Danielle Mongelli is an Italian American writer, poet, comedian, and teacher. She attended St. Francis College. There she received a master's degree in creative writing. Her works generally include her own real-life stories on what it's like growing up as a child with a father who is incarcerated. She also is a stand-up comedian who writes all of her own skits. Danielle also writes about her struggles with insecurities, heartbreak, and battles with her weight. She is currently in the process of working on her PhD in English studies. She loves to teach and share her success stories with children and teens, helping people find their way through the pain of everyday situations as she has done.

CPSIA information can be obtained
at www.ICGtesting.com
Printed in the USA
LVHW050003041120
670570LV00003B/262

9 781662 423338